MARLÈNE JOBERT RACONTE

Boucle d'Or et les trois ours

Glénat jeunesse

Éditions Glénat
Couvent Sainte-Cécile
37, rue Servan
38000 GRENOBLE

Avec la participation de Marlène Jobert
Illustrations de couverture : Giuseppe Ferrario et Flavio Fausone
Illustrations intérieures : Atelier Philippe Harchy
Photo de couverture : Marianne Rosenstiehl
Prépresse et fabrication : Glénat Production

Achevé d'imprimer en Pologne en février 2017 par Dimograf.

Dépôt légal : avril 2015
ISBN : 978-2-344-00778-5 / 004

Loi n°49-956 du 16 juillet 1949 sur les publications destinées à la jeunesse.

Il était une fois une petite fille qu'on appelait Boucle d'Or parce que sa chevelure était blonde et bouclée.

Elle aimait se promener seule pour cueillir des fleurs, ou chasser les papillons ; mais ce qu'elle préférait, c'était partir à la découverte de choses qu'elle ne connaissait pas.

Un jour, sans s'en rendre compte, elle s'enfonça plus loin que d'habitude dans la forêt.

Elle se retrouva dans un endroit sombre et mystérieux où elle n'était encore jamais allée.

Alors qu'elle avançait, toujours curieuse d'explorer de nouveaux chemins, elle vit une petite maison. Elle ne savait pas que c'était celle d'une famille d'ours qui vivait là paisiblement. Papa ours était très grand et fort, il avait une grosse voix grave qui grondait comme le tonnerre ; Maman ourse, de taille moyenne, avait une voix douce comme un ruissellement de source sur la mousse ; Bébé ours, tout jeune encore, avait une voix aussi aiguë que le chant d'une petite flûte.

Ce matin-là, Maman ourse venait de préparer une bouillie particulièrement appétissante, crémeuse à souhait, parfumée au miel et garnie de mirabelles.
Elle la versa dans trois bols de tailles différentes et, comme cette bouillie était encore brûlante, elle proposa d'aller faire un petit tour dans la forêt en attendant qu'elle refroidisse. C'est justement à ce moment que Boucle d'Or arriva devant leur maison.

Boucle d'Or et les trois ours

Elle frappa à la porte, elle n'eut pas de réponse. Elle regarda par la fenêtre, puis par le trou de la serrure : il n'y avait personne. Une petite fille sage, prudente et bien élevée ne serait pas entrée dans cette maison sans y être invitée, mais Boucle d'Or éprouvait toujours une envie irrésistible de découvrir ce qu'il y avait derrière les portes closes : elle était vraiment très curieuse. La petite fille tourna la poignée, et la porte s'ouvrit.

Si elle n'était pas fermée à clé, c'est que la famille ours n'avait jamais fait de mal à personne et ne pensait pas que quelqu'un puisse lui en faire. Tout à l'intérieur était bien propre et bien rangé. Sur la table fumaient trois bols remplis d'une bouillie qui sentait bon, mais bon, tellement bon !

Boucle d'Or et les trois ours

Cette délicieuse odeur pleine de promesses lui donna soudain une grande faim.

Si Boucle d'Or avait été une petite fille sage, prudente et bien élevée, elle n'aurait pas osé y goûter. Mais elle saisit la cuiller qui se trouvait à côté du plus grand bol, la trempa dedans et s'écria :

– *Oh! C'est bien trop chaud!* Puis elle prit la cuiller qui se trouvait à côté du bol de taille moyenne, goûta à nouveau et s'exclama aussitôt :

– *Oh! C'est bien trop froid!* Alors, elle prit la cuiller qui se trouvait à côté du plus petit bol, goûta encore et, cette fois, elle dit :

– *Hum! Ni trop chaud, ni trop froid! C'est juste comme il faut! Oui, exactement comme il faut!*

Elle trouva la bouillie tellement à son goût qu'elle mangea tout ce qu'il y avait dans le petit bol, absolument tout! Ensuite, Boucle d'Or regarda autour d'elle et vit trois fauteuils : un grand, un moyen, un petit. Elle alla s'asseoir dans le plus grand, celui de Papa ours :

– *Oh! Celui-ci est bien trop dur!*

Puis elle alla essayer le moyen, celui de Maman ourse :

– *Oh! Celui-là est bien trop mou!*

Finalement, elle s'installa dans le petit fauteuil de Bébé ours :
– Aahh! Ni trop dur, ni trop mou! Il est juste comme il faut!
Oui, exactement comme il faut!
Boucle d'Or s'y sentit vraiment bien, elle s'y berça d'abord tout doucement, puis de plus en plus fort, et bientôt si vivement que le petit fauteuil s'effondra et qu'elle se retrouva par terre sur son derrière au milieu des débris.

Elle se releva, regarda autour d'elle et aperçut alors un escalier. Une petite fille sage, prudente et bien élevée n'aurait sans doute pas osé s'aventurer jusqu'à l'étage, mais Boucle d'Or, elle, n'avait jamais su résister à sa curiosité.

Elle posa un pied sur la première marche, l'autre sur la deuxième, et très vite, se retrouva dans la chambre des ours. Il y avait trois lits : un énorme recouvert d'un épais édredon marron ; un moyen recouvert d'un édredon en dentelle blanche ; et un tout petit recouvert d'un édredon à fleurs de toutes les couleurs.

Boucle d'Or et les trois ours

Boucle d'Or avait beaucoup marché dans la forêt depuis le matin, elle avait cueilli des fleurs, suivi des papillons, écouté et admiré les oiseaux, exploré la maison de la famille ours, mangé la bouillie du bébé et démoli son fauteuil : quelle journée !
Elle se sentit soudain épuisée.

Alors, elle s'approcha du plus grand lit. Elle dut s'aider d'un tabouret pour grimper dessus. Elle s'y allongea ; mais, à peine installée, elle s'y sentit mal :
- *Oh ! Mais... J'ai la tête bien trop haute dans celui-ci !*
Elle en redescendit aussitôt et alla vers le lit moyen.
Elle s'y allongea, mais elle s'enfonça si profondément dans l'oreiller de plumes qu'elle eut de la peine à se redresser :
- *Oh non ! J'ai la tête bien trop basse dans celui-là !*

Elle finit par essayer le plus petit lit, mit sa tête sur l'oreiller et s'y plut tout de suite :
- *Aahh ! Ni trop haut, ni trop bas ! C'est juste comme il faut !*
Oui, exactement comme il faut !
Alors elle se glissa sous l'édredon fleuri, et s'endormit.

Pendant ce temps, en se promenant, Papa ours cueillait des noisettes, Maman ourse des fleurs, et Bébé ours, qui ramassait des myrtilles, s'exclama tout à coup :
- *Ah, j'ai une de ces faims ! Une vraie faim de loup !*
Alors, tous les trois retournèrent chez eux pour prendre leur petit-déjeuner.

Dès qu'il entra, Papa ours remarqua immédiatement
que sa cuiller était dans son bol de bouillie :
– *Quelqu'un a goûté ma bouillie !* dit-il de sa grosse voix.
Maman ourse regarda la table à son tour : sa cuiller aussi était
dans son bol, et de sa voix toute douce, elle dit :
– *Quelqu'un a aussi goûté ma bouillie !*
Bébé ours courut vers la table, pointa le museau au-dessus de
son petit bol, et de sa voix aiguë, il se mit à crier :
– *Quelqu'un a goûté ma bouillie et l'a toute mangée !*

Les trois ours, très intrigués, voulurent s'asseoir pour se remettre de leur surprise et réfléchir à ce qui avait bien pu se passer.

Mais Papa ours vit son cher coussin, d'ordinaire bien posé, mis cette fois, de travers :

– Quelqu'un s'est assis dans mon fauteuil !

Maman ourse allait s'installer dans le sien, mais elle remarqua que son coussin, toujours bien à l'endroit, était à l'envers :

– Quelqu'un s'est assis dans le mien aussi ! fit-elle, agacée...

Boucle d'Or et les trois ours

À ce moment, Bébé ours voulut, selon son habitude, imiter son papa et sa maman et s'asseoir dans son petit fauteuil :
- *Oh! Le mien, on me l'a tout cassé!* hurla-t-il tout en pleurs en découvrant les morceaux éparpillés.

Plantés au milieu de la pièce, les trois ours se regardèrent, ne sachant que penser ni faire.
Bébé ours avait les yeux pleins de larmes, Maman ourse la mine contrariée, et Papa ours les sourcils froncés...

La colère commençait à grandir en eux, ils montèrent à la queue leu leu l'escalier pour voir si tout était normal dans leur chambre.

Papa ours passa devant, Maman ourse venait derrière et Bébé ours, le museau en l'air, les suivait. Papa ours s'aperçut le premier que son énorme édredon marron était écrasé :

- *Quelqu'un a osé se coucher sur mon lit !* grogna-t-il.

Inquiète, Maman ourse remarqua alors son édredon en dentelle, tout froissé :

- *On s'est couché sur le mien aussi !* dit-elle fâchée.

Bébé ours vit quelque chose briller sur son oreiller.

Il s'approcha : c'étaient les beaux cheveux d'or d'une petite fille endormie.

L'ourson était si ému que sa voix se fit encore plus aiguë :

– Oh ! On s'est mis dans mon lit et... on y dort encore !

Dans son sommeil, Boucle d'Or avait bien entendu qu'il se passait quelque chose, mais elle dormait si profondément...

Boucle d'Or et les trois ours

Dans son rêve, la grosse voix de Papa ours lui était parvenue comme un lointain roulement de tonnerre. Elle ne s'était pas réveillée.

Elle avait bien entendu aussi la voix toute douce de Maman ourse, mais cela avait été comme le murmure d'une source au fond de son rêve.

Et elle ne s'était pas réveillée non plus.

Mais, quand la petite voix aiguë de Bébé ours retentit comme un sifflet strident, Boucle d'Or se réveilla en sursaut. Trois ours la dévisageaient, stupéfaits ; ils n'avaient jamais vu de petite fille, et Boucle d'Or, qui n'avait jamais vu de véritables ours, était saisie de peur.

Affolée, Boucle d'Or bondit du lit, sauta par la fenêtre, rebondit sur un tapis de fleurs et s'enfuit sans se retourner.

Elle aurait pu avoir affaire à des ours un peu moins gentils, alors elle se promit qu'à l'avenir elle s'efforcerait de résister à son incorrigible curiosité.

– J'en aurai toujours sûrement un peu, mais pas trop, juste ce qu'il faut !...

Fin